小学館文庫

てのひら般若心経

監修 ひろ さちや　　写真 佐藤健三

小学館文庫

摩訶般若波羅蜜多心経《まかはんにゃはらみったしんぎょう》

すばらしき「ほとけの智慧」の完成の神髄を教えた経

観自在菩薩《かんじざいぼさつ》　行深般若波羅蜜多時《ぎょうじんはんにゃはらみったじ》

照見五蘊皆空《しょうけんごうんかいくう》　度一切苦厄《どいっさいくやく》

観自在菩薩（かんじざいぼさつ）がかつてほとけの智慧の完成を実践されたとき、肉体も精神もすべてが空（くう）であることを照見され、あらゆる苦悩を克服されました。

舎利子《しゃりし》　色不異空《しきふいくう》　空不異色《くふういしき》　色即是空《しきそくぜくう》

空即是色《くうそくぜしき》　受想行識《じゅそうぎょうしき》　亦復如是《やくぶにょぜ》

舎利子よ。存在は空にほかならず、空が存在にほかなりません。存在がすなわち空であり、空がすなわち存在です。存在が感じたり、知ったり、意欲したり、判断する精神の働きも、これまた空なのです。

舎利子《しゃりし》　是諸法空相《ぜしょほうくうそう》　不生不滅《ふしょうふめつ》
不垢不浄《ふくふじょう》　不増不減《ふぞうふげん》

舎利子よ。このように存在と精神のすべてが空なのですから、生じたり滅したりすることもなく、きれいも汚いもなく、増えもしないし減りもしません。

是故空中無色《ぜこくうちゅうむしき》　無受想行識《むじゅそうぎょうしき》　無眼耳鼻舌身意《むげんにびぜっしんい》
無色声香味触法《むしきしょうこうみそくほう》　無眼界《むげんかい》　乃至無意識界《ないしむいしきかい》

小乗仏教は現象世界を五蘊（ごうん）、十二処（じうにしょ）、十八界（じゅうはっかい）と分析していますが、すべては空なのですから、そんなものはいっさいありません。

無無明《むむみょう》　亦無無明尽《やくむむみょうじん》
乃至無老死《ないしむろうし》　亦無老死尽《やくむろうしじん》

また、小乗仏教は十二縁起（じゅうにえんぎ）や四諦（したい）といった煩雑な教理を説きますが、すべては空ですから、そんなものはありません。

無苦集滅道《むくしゅうめつどう》　無智亦無得《むちやくむとく》
以無所得故《いむしょとくこ》

そしてまた、分別もなければ悟りもありません。大乗仏教では、悟りを開いても、その悟りにこだわらないからです。

菩提薩埵《ぼだいさった》　依般若波羅蜜多故《えはんにゃはらみったこ》
心無罣礙《しんむけいげ》　無罣礙故《むけいげこ》　無有恐怖《むうくふ》

大乗仏教の菩薩(ぼさつ)は、ほとけの智慧を完成していますから、その心にはこだわりがなく、こだわりがないので恐怖におびえることもありません。

遠離《おんり》一切《いっさい》顛倒《てんどう》夢想《むそう》　究竟《くきょう》涅槃《ねはん》

事物を逆さにとらえることもなく、妄想に悩まされることもなく、心は徹底して平安であります。

三世《さんぜ》諸仏《しょぶつ》　依般若波羅蜜多故《えはんにゃはらみったこ》
得阿耨多羅三藐三菩提《とくあのくたらさんみゃくさんぼだい》

また、三世の諸仏は、ほとけの智慧を完成することによって、この上ない正しく完全な悟りを開かれたのです。

故知般若波羅蜜多《こちはんにゃはらみった》　是大神呪《ぜだいじんしゅ》　是大明呪《ぜだいみょうしゅ》
是無上呪《ぜむじょうしゅ》　是無等等呪《ぜむとうどうしゅ》

それ故、知るべきです。ほとけの智慧の完成は、すばらしい霊力のある真言であり、すぐれた真言であり、無上の真言、比類なき真言であることを。

能《のう》除《じょ》一《いっ》切《さい》苦《く》　真《しん》実《じつ》不《ふ》虚《こ》

それはあらゆる苦しみを取り除いてくれます。真実にして虚妄ならざるものです。

故《こ》説《せつ》般《はん》若《にゃ》波《は》羅《ら》蜜《みっ》多《た》呪《しゅ》　即《そく》説《せつ》呪《しゅ》曰《わつ》

そこで、ほとけの智慧の完成の真言を説きます。すなわち、これが真言です。

羯《ぎゃ》諦《てい》　羯《ぎゃ》諦《てい》　波《は》羅《ら》羯《ぎゃ》諦《てい》　波《は》羅《ら》僧《そう》羯《ぎゃ》諦《てい》
菩《ぼう》提《じ》薩《そ》婆《わ》訶《か》

「わかった、わかった、ほとけのこころ。すっかりわかった、ほとけのこころ。ほとけさま、ありがとう」

般《はん》若《にゃ》心《しん》経《ぎょう》

これが「般若心経」の教えです。

●二六二字、これが『般若心経』の全文です。

朝に夕に、
ほこほこと温かい
ほとけさまの言葉。
てのひら般若心経は、
あなたのポケットのなかの
小さなおまもり。

てのひら般若心経五十講

摩《ま》訶《か》般《はん》若《にゃ》波《は》羅《ら》蜜《みつ》多《た》心《しん》経《ぎょう》

自由も不自由も自分自身…

奈良県生駒市・大庵寺十一面観音

第一講

観《かん》自《じ》在《ざい》菩《ぼ》薩《さつ》

あなたはものごとを自由自在に観ることができますか。わたしたちは、世間の常識と他人の目を気にしながら行動するため、決して「自由自在」ではありません。

そうしたこだわりを捨てて自分が本当に幸せになれる道を見つけられるのが自由自在ということであり、「観自在」です。

こだわるな、っていわれても…

埼玉県寄居町・少林寺の五百羅漢

第二講

行深般若波羅蜜多時《ぎょうじんはんにゃはらみったじ》

わたしたちは「きれい、汚い」などの差別をはじめると、人にもそうしたこだわりを持つようになります。そして、物や人を大切にしなくなり、それが苦しみや悩みを生む原因になるのです。

観自在菩薩の完成された「ほとけの智慧《ちえ》」とは、そうした差別やこだわりを捨てたところにあります。

こだわって、見上げる満月。

埼玉県寄居町・少林寺の五百羅漢

第三講

照《しょう》見《けん》五《ご》蘊《うん》皆《かい》空《くう》

いまのわたしたちは、身体や精神が「世間並み」でなければならないと思いがちです。本来は人それぞれに違うものなのに、少し違うだけでも気になります。それはわたしたちが世間の物差しで測るからで、ほとけさまの物差しを持てばそんなこだわりはなくなり、心は穏やかになります。

自分自身に、あっかんべぇしてみる。

埼玉県寄居町・少林寺の五百羅漢

第四講

度《ど》一切《いっさい》苦厄《くやく》

世間の物差しを持つと、どうしても差別をしたり、こだわったりします。それが苦しみや悩みの原因となり、心を不安定にします。

しかし、ほとけさまの物差しを持てば、心はいつも平安でいられます。なぜなら、ほとけさまの物差しは、「すべてがすばらしい」というものだからです。

出家もまた、こだわりの形なんだ。

埼玉県寄居町・少林寺の五百羅漢

第五講

舎利子《しゃりし》

舎利子は、「智慧第一」といわれたお釈迦さまの十大弟子の一人です。しかし、『般若心経』に登場する舎利子はほとけさまの物差しを持っていません。

出家した人だけが悟りを得ると主張する小乗仏教の象徴とされ、わたしたちと同じように「こだわり」を持つ存在として表されています。

第六講

色《しき》不《ふ》異《い》空《くう》　空《くう》不《ふ》異《い》色《しき》

人間がたとえ百年生きたとしても、宇宙からみれば、それははかない存在に過ぎません。つまり、すべての存在は実体がなく、実体がないのがすべての存在の本質です。

この「実体がない」という考え方が『般若心経』の「空」という意味で、ほとけの智慧を得るために必要なものです。

心はいつも無色透明。

埼玉県寄居町・少林寺の五百羅漢

第七講

色《しき》即《そく》是《ぜ》空《くう》 空《くう》即《そく》是《ぜ》色《しき》

わたしたちは、すべての存在に執着を持ち、さも実体があるように思いがちで、それが苦しみの原因となっています。だから、『般若心経』は「空」を説き、すべてに「こだわるな」と教えています。そして、世間の物差しの他にもう一つ、ほとけさまの物差しを持ちなさいと教えています。

空、くう、クウ…あ、とんびだ。

埼玉県寄居町・少林寺の五百羅漢

第八講

受想行識《じゅそうぎょうしき》

わたしたちは自分の感情を、これは「憎しみ」、これは「愛」、これは「喜び」と枠づけて解釈し、「その感情らしく振る舞わねばならない」と知らないうちに自分を強制しています。

『般若心経』は、そうした無意識のうちに自分の心に加わっている重荷を少し解放すべきと教えています。

重荷を下ろさないと、倒れちゃいますよ。

埼玉県寄居町・少林寺の五百羅漢

第九講

亦《やく》復《ぶ》如《にょ》是《ぜ》

心の感情の重荷を解放するということは、なにも無感覚になれということではありません。

たとえば、花を見て「美しい」と思うのはいい。しかし、その思いにこだわり、それを摘んで持って帰りたいと執着してはいけない。そうした執着を、ほとけさまの物差しで解放しろということです。

蟻さん、こだわるんじゃないよ。

埼玉県川越市・喜多院の五百羅漢

第十講

舎利子《しゃりし》

『般若心経』は大乗仏教のお経です。その内容には、「空」の教えを通して、出家至上主義の小乗仏教への批判が説かれていますが、それは大乗仏教が万民を救う教えだからです。

つまり、観自在菩薩が舎利子に教えを説き聞かすかたちで、わたしたちに「空」の考え方を教えています。

「ほとけさまの物差し」は通信販売では買えない。

埼玉県寄居町・少林寺の五百羅漢

ねぇ、あなた、聞いてるの？

長野県坂井村・修那羅山安宮神社の石仏

第十一講

是諸法空相《ぜしょほうくうそう》

いま、黄金を使ってさまざまな形のものをつくるとします。仏の姿、鬼の姿、女の姿…。わたしたちは、そのつくられた姿に騙《だま》されて物を差別します。

しかし、ほとけさまは　そんな外形にはとらわれず、真実の黄金をみておられます。こうしたもののとらえ方が、「空」の考え方の基本です。

笠ひとつで、自分の心の旅にでる。

埼玉県川越市・喜多院の五百羅漢

第十二講

不《ふ》生《しょう》不《ふ》滅《めつ》

仏教では「死」を氷が融けて水になるようなものだと考えています。

つまり、氷と水を連続的に考えれば、どちらもH_2Oであることが変わらないように、わたしたちが「ほとけの宇宙」で生かされていると考えるなら、わたしたちは常に「ほとけの子」であり、生も死も「空」というわけです。

きれい、汚い。よ、よ、読めない。

埼玉県寄居町・少林寺の五百羅漢

第十三講

不《ふ》垢《く》不《ふ》浄《じょう》

目の前に「美しい」グラスがあったとします。そこにオシッコを入れると、いくら洗っても、そのグラスを「汚い」と、わたしたちは思うはずです。

でも、グラスは「空」ですから、それを汚しているのはわたしたちの心なのです。「空」の考え方とは、そんな無用な差別をしないことです。

足ることを知る…、お姉さんもう一本。
埼玉県寄居町・少林寺の五百羅漢

第十四講

不《ふ》増《ぞう》不《ふ》減《げん》

日本酒がビンに半分だけ残っていたとき、酒好きの人は「半分しか残っていない」と悲しむときもあれば、「半分も残っている」と喜ぶときもあります。

日本酒の量は同じですから、その増減にこだわっているのはその人の心です。そんな無用なこだわりを捨てるのが、「空」の考え方です。

煩悩。ややこしいんだな、これが…

長野県坂井村・修那羅山の石仏

第十五講

是故空中無色《ぜこくうちゅうむしき》

小乗仏教では、「人間は煩悩の固まりであり、その煩悩を克服しなければならない」と教えています。

しかし、大乗仏教では、「煩悩は空。克服すべき実体ではない」と教えています。

つまり、わたしたちが煩悩にこだわりを持たなければ、その煩悩を克服する必要もないのです。

第十六講

無《む》受《じゅ》想《そう》行《ぎょう》識《しき》

人を「憎んではいけない」と思えば思うほど、憎しみは陰湿になります。

それならば、後にひかぬようにさらりと憎んだほうがよほど賢明です。

つまり、どうせ割れるガラスなら、割らない努力をするよりも、うまく割って怪我をしないようにするという考えで、これも「空」の考え方です。

よく割ったよね、お皿。

群馬県六合村・道祖神

第十七講

無《む》眼《げん》耳《に》鼻《び》舌《ぜつ》身《しん》意《い》

中年の父親と色っぽい若い娘が腕を組んで歩いていると、「不倫じゃないか」とすぐに勘繰る人がいます。

本当は親子なのに、眼で見た姿と世間の常識だけで判断するからこんな間違いをします。そんな眼や耳などの感覚器官で認識したものだけにとらわれないのが、「空」の考え方です。

蔦さんのおかげで首つながっています。

埼玉県寄居町・少林寺の五百羅漢

第十八講

無《む》色《しき》声《しょう》香《こう》味《み》触《そく》法《ほう》

現代社会では、自分が正しい道を歩むためには「他人がいくら困ろうとかまわない」と考える人が大勢います。

その「正しさ」にこだわるほど人間関係がギスギスして、人生に喜びがなくなるのも知らずに…。

そんなこだわりを捨て、他人を思いやる心を持つのも「空」の考え方です。

思いを寄せず、思いやる…

埼玉県川越市・喜多院の五百羅漢

第十九講

無《む》眼《げん》界《かい》

職場や学校の仲間が自分のことを馬鹿にしていると悩んだことはありませんか。そんなとき、馬鹿にしている仲間を必死に変えようと行動しても無駄です。相手よりも、自分の心を変えればいいのです。目に見えた世界にこだわらず、自分の心をみつめる。これも「空」の考え方です。

いろんな事があったわねぇ、そろそろ水婚式かしら。

群馬県長野原町・道祖神

第二十講

乃《ない》至《し》無《む》意《い》識《しき》界《かい》

わたしたちは、相手に親切にしたことはいつまでも覚えていますが、相手は忘れてしまうものです。

また逆に、親切にされた相手のことはすぐに忘れてしまいますが、相手はいつまでも覚えています。

そうした意識のズレが、人間関係にあることを理解するのも「空」の考え方です。

こんなところにも、眼がある。

長野県坂井村・修那羅山の石仏

お姉ちゃんだって、つらいんだよ。

長野県坂井村・修那羅山の石仏

第二十一講

無《む》無《む》明《みょう》

わたしたちはいろいろな先入観を持っています。その先入観に縛られて、迷い、悩み、苦しみ、また先入観が邪魔をして、良い智慧が浮かばないのです。

わたしたちの良い智慧とは、先入観にとらわれない「空」の考え方によって浮かぶものであり、それがほとけの智慧へと繋《つな》がるのです。

また、株下がったんだってさ。

埼玉県川越市・喜多院の五百羅漢

第二十二講

亦《やく》無《む》無《む》明《みょう》尽《じん》

お金に強い執着を持つ人は少しでも減ると、心が大きく動かされます。

しかし、お金を「空」と考えられる人は、減っても「明《あき》らめる（断念でなく、真実を明らかにすること）」ので、心は常に平安で、現状に感謝する気持ちさえ生まれます。

この「明らめ」も「空」の考え方です。

思い切って買おうか、パソコン。

埼玉県寄居町・少林寺の五百羅漢

第二十三講

乃至無老死《ないしむろうし》

若い時代には若い時代にしか味わえない幸福感を、中年の時代には中年にふさわしい幸福感を、老年時代には老年ならではの幸福感を味わうような生き方が、一番うまい人生の生き方です。

そのためには老いや死にこだわらない生き方をする。これもまた「空」の考え方です。

明日のことは、なんにも知らない。

長野県坂井村・修那羅山の石仏

第二十四講

亦《やく》無《む》老《ろう》死《し》尽《じん》

「禅宗のいう悟りを誤解していた。悟りとはどんなときでも平気で死ねることと思っていたが、どんなときでも平気で生きていることであった」。俳人・正岡子規は病床でこんな言葉を残していますが、生死にこだわらず、いまこのときを大切にするのが「空」の考え方です。

そのまんまの、あんたがええなぁ。

埼玉県寄居町・少林寺の五百羅漢

第二十五講

無《む》苦《く》集《しゅう》滅《めつ》道《どう》

美しくなろうとダイエットする人が最近増えています。でも、ダイエットに神経質になり過ぎて、美しくなるどころか、逆に体を壊す人も多いようです。

これと同じく、欲望を捨てることにこだわり過ぎると「空」でなく、「苦」になります。

それを理解するのも「空」の考え方です。

第二十六講

無《む》智《ち》亦《やく》無《む》得《とく》

小乗仏教は、智慧や悟りを得ることにこだわり、それがあたかも人生の「正解」のように錯覚しています。

でも、人生に「正解」などありません。人生の道は、他の道と比較するものでなく、自分がいま歩いている道をしっかりと歩むよりほかないと、『般若心経』は教えています。

道に迷ったらしいな、ま、いいか。

埼玉県寄居町・少林寺の五百羅漢

第二十七講

以《い》無《む》所《しょ》得《とく》故《こ》

「仏教は悟りを得なければ、何の役にも立たない」と思っている人がいるかもしれません。

しかし、仏教は悟りだけを目的にした宗教ではなく、その時々に応じて、自分の心をうまくコントロールする方法が説かれているので、凡夫のわたしたちにも役立つ教えです。

うちの孫は「さとる」っていうんだ。

埼玉県寄居町・少林寺の五百羅漢

第二十八講

菩《ぼ》提《だい》薩《さつ》埵《た》

『菩提薩埵』は略して「菩薩」。菩薩とは、悟りを求めて修行する人、ほとけになろうと志す人のことで、現代語では「求道者」と訳されます。

大乗仏教では、観自在菩薩のように「ほとけの智慧」を完成した菩薩のほかに、仏道を歩み始めたわたしたちも菩薩だと教えています。

「志があれば誰でも歓迎」だって、いいなぁ。

埼玉県寄居町・少林寺の五百羅漢

第二十九講

依般若波羅蜜多故《えはんにゃはらみったこ》

観自在菩薩はほとけの智慧を完成された菩薩ですが、同じ菩薩でも、わたしたちはその智慧が完成していません。でも、わたしたちは『般若心経』から「空」の考え方を学ぶことで、ほとけの智慧を知り、何ごとにもこだわらない「ほとけさまの物差し」を持つことができます。

ハンカチ、定期、ほとけさまの物差し。

埼玉県寄居町・少林寺の五百羅漢

第三十講

心《しん》無《む》罣《けい》礙《げ》

『無罣礙』とは「心が網にひっかかってもつれることも、石につまずいてころぶようなこともない」という意味です。これは菩薩の心を表したことばで、「心にわだかまりがない、こだわりがない」ということです。

わたしたちもほとけさまの物差しを持てば、その心に近づけます。

さがしものはなんですか。

埼玉県寄居町・少林寺の五百羅漢

ときどきは、聞こえないフリ。上手なんだから…

埼玉県寄居町・少林寺の五百羅漢

第三十一講

無《む》罣《けい》礙《げ》故《こ》

「心にこだわりがない」とは、執着もなく、とらわれない状態のことで、わたしたちがそれを実践するには「いい加減」を知ることが必要です。

これはお釈迦さまが説いた「中道」の精神に通じるもので、適当にやることではなく、心が穏やかになるちょうどいい加減のことです。

怖くありませんよ、ほとけさま愛していますからね。

埼玉県寄居町・少林寺の五百羅漢

第三十二講

無有恐怖《むうくふ》

わたしたちは災難に遭うと、そこから逃れようとジタバタします。また、逃れよう、逃れようとする心が逆に恐怖をつのらせます。

そんなときは、ほとけさまの物差しで「災難に遭う時は遭えばいい」と明らめ、逃れようとするこだわりを捨てれば、おのずと恐怖はなくなります。

「損した得した」は兜町。あたしは「まじめでまめ」がいい。

埼玉県寄居町・少林寺の五百羅漢

第三十三講

遠離《おんり》一切《いっさい》顛倒《てんどう》夢想《むそう》

現代社会では、よく「まじめだと、損をする」といいます。でも、それは世間の物差しでみたことで、ほとけさまの物差しでみれば、そんなことは決してありません。

もともと「まじめは得をする」という考えが誤りで、まじめでいられること自体が、そのままで功徳なのです。

「欲望の薪に煩悩の火」か、うぅ寒い。

埼玉県寄居町・少林寺の五百羅漢

第三十四講

究竟涅槃《くきょうねはん》

煩悩の火を消すのはなかなか難しいことです。なぜなら、煩悩の火は欲望という薪で燃えているからです。

でも、わたしたちは、ほとけさまの物差しで欲望を明らめ、薪の補給を徐々に止めていくことができます。

そうすれば火は静かに消え、心が平安な世界（涅槃）が現れます。

おだやかでいいお顔…まねてみました。

京都・南禅寺の石仏

第三十五講

三世諸仏《さんぜしょぶつ》

大乗仏教では、過去・現在・未来に多数の仏が空間を超越して存在すると教えています。わたしたちがそうした本当の仏になるのは難しいことですが、「仏らしく考え、行動する」ことはできます。

つまり、仏教を今日に生かすには、わたしたちが仏をまねて生きればいいのです。

第三十六講

依般若波羅蜜多故《えはんにゃはらみったこ》

お釈迦さまは、苦行と楽行の両極端を避けた「中道」を歩んで、悟りを開かれました。

そして、わたしたちが歩むべき「中道」とは、心の中にある極端なエゴイズムを捨て、常にほとけさまの物差しでものごとを考え、仏をまねた行動をとり、こだわりのない道を歩むことです。

どこかの政治家の「中道」ではありません。

埼玉県川越市・喜多院の五百羅漢

第三十七講

得《とく》阿《あ》耨《のく》多《た》羅《ら》三《さん》藐《みゃく》三《さん》菩《ぼ》提《だい》

ほとけさまが得た最高の悟りのことを「阿耨多羅三藐三菩提」といいます。この悟りを得るのは大変難しいことですが、わたしたちはそれを最終目標にしなければなりません。なぜなら、それを目指して一歩一歩、積み重ねていく歩みが「ほとけの智慧」となるからです。

「ほとけの智慧」はすばらしい。ねぇ、わたしは？

信濃路の石仏

第三十八講

故《こ》知《ち》般《はん》若《にゃ》波《は》羅《ら》蜜《みっ》多《た》

わたしたちは、他人と競争して「他人よりも多くを得たい」と考えるような知恵ばかりを磨いています。

しかし、「ほとけの智慧（般若波羅蜜多）」は、そんな欲望に根ざした智慧ではありません。

こだわりがなく、常に感謝の気持ちがあるので、人を思いやる優しさがあります。

朝寝、朝酒、浅知恵…やめにしました。

埼玉県川越市・喜多院の五百羅漢

第三十九講

是《ぜ》大《だい》神《じん》呪《しゅ》

仏教で「呪」あるいは「真言」と訳されていることばは、サンスクリット語では「マントラ」といい、神々をも支配できる「真実のことば」とされています。

また経典のことばの中でも究極の真理を表す特定のことばであり、すばらしい、不思議な力があるとされています。

いつまで泣いてるの、もう21世紀よ。

埼玉県寄居町・少林寺の五百羅漢

第四十講

是《ぜ》大《だい》明《みょう》呪《しゅ》

自分の気持ちは言わなくても相手に通じると思う人がいますが、やはり言わなければわからないものです。

仏教は、そうしたことばの重要性をわたしたちに説いています。

それが「和顔愛語」で、わたしたちに優しい、思いやりのことばを積極的に言うようにと教えています。

歩いても歩いても冬の山、もういいかい。

埼玉県寄居町・少林寺の五百羅漢

「おかげさまで…」するりと言えますか。

埼玉県寄居町・少林寺の五百羅漢

第四十一講

是無上呪《ぜむじょうしゅ》

日本人は、成功したことはすべて自分の努力と考えます。でも、自分の努力だけでものごとは成就しません。目に見える、目に見えない多くのものに助けられて、ものごとは成就し、わたしたちは生きているのです。そうした感謝のことばを表したのが、『般若心経』の「呪」です。

お天道様の下にひとり。あなたもひとり。

埼玉県寄居町・少林寺の五百羅漢

第四十二講

是《ぜ》無《む》等《とう》等《どう》呪《しゅ》

あなたは、神仏にはどんな祈りをしていますか。自分の望みを願うのは本当の祈りではありません。

「ありがとうございます」と感謝するのが、本物の祈りです。いまあるありのままの姿を、こだわりを持たずに感謝する。

その「ありがとう」のことばが、真の祈りのことばです。

嬉しいの、悲しいの、冷たいの？、「……」。
京都・愛宕念仏寺石仏

第四十三講

能《のう》除《じょ》一《いっ》切《さい》苦《く》

誰でも苦しみから逃げ出したいと思うはずです。

でも、苦しみから逃げ回っていては、いつまでたっても真の幸福は得られません。ごまかしの智慧や慰めのことばでは、苦しみはなくならないのです。

苦しみを解消させるのは、ほとけの智慧であり、その智慧で考えたことばです。

そうか、「……」という手があったか。

埼玉県川越市・喜多院の五百羅漢

第四十四講

真実不虚《しんじつふこ》

お釈迦さまは招待をうけたとき、行けないときはハッキリと「行けません」と答えましたが、行けるときは無言でいました。

なぜなら、「行きます」と答えればどんな理由であれ、行けなくなった場合に嘘になるからです。

仏教は、ことばをそれだけ厳格に考える教えなのです。

「般若心経」と「梅干し」。うぅぅ、奥が深い。

埼玉県寄居町・少林寺の五百羅漢

第四十五講

故《こ》説《せつ》般《はん》若《にゃ》波《は》羅《ら》蜜《みつ》多《た》呪《しゅ》

わたしたちは実際に梅干を食べなくても、〝梅干〟と聞いただけで唾液《だえき》が出てきます。ことばにはそのような力があります。

それと同じように、般若波羅蜜多の呪には大きな力があります。

『般若心経』は、般若波羅蜜多の呪を唱えて、そうした力を得るようにと教えています。

第四十六講

即《そく》説《せつ》呪《しゅ》曰《わつ》

般若波羅蜜多の呪とは、ほとけの智慧の完成の真言です。わたしたちがそれを唱えると、般若波羅蜜多を身につけたことになると『般若心経』では教えています。

それはこの真言を唱えて、ほとけの智慧を身につけたと思ってこだわりを捨て、仏をまねて生きなさいということです。

捨てられないから「こだわり」っていうのかな。

埼玉県寄居町・少林寺の五百羅漢

第四十七講

羯諦《ぎゃてい》　羯諦《ぎゃてい》

「羯諦」から「菩提薩婆訶」までの般若波羅蜜多の呪は、サンスクリット語を音写したことばなので、いろいろな解釈があります。

でも、わたしたちに大切なのは、そうした解釈ではありません。

そのことばをありのまま知り、「ほとけの智慧」に出合えたことを感謝することです。

道に迷ってみて「ほとけ」。

群馬県六合村の石仏

第四十八講

波羅羯諦《はらぎゃてい》

『般若心経』から「空」という考え方を学び、さらに「般若波羅蜜多」と同じ力のある、ほとけの智慧の完成の真言(呪)を教えていただいたことを「ほとけさま、ありがとう」と感謝する。

そうした「感謝する心」を常に持つことが、今日を生きるわたしたちには必要なのです。

ありがと、ありがと、ありがと…
埼玉県越市・喜多院の五百羅漢

第四十九講

波羅《はら》僧羯《そうぎゃ》諦《てい》　菩提《ぼうじ》薩婆《そわ》訶《か》

地獄や極楽はすべて、わたしたちの心のうちにあるものです。地獄を恐れる心も、極楽を求める心も、つまるところは執着です。

ですから、地獄や極楽に対する執着を捨て、すべてに感謝する心を持てば、「空」がわかり、わたしたちはほとけさまと同じ心になれます。

執着「する」「しない」「する」「しない」…

埼玉県川越市・喜多院の五百羅漢

第五十講

般若心経《はんにゃしんぎょう》

このように『般若心経』は、万民を救うという大乗仏教の立場から、「ほとけの智慧」と「空」の考え方を説いたお経です。

そして、何ごとにもこだわらず、執着を捨て、いい加減を知り、感謝のことばが言えるような人間になりなさいと、わたしたちに教えています。

なんだか、とってもいい気分…

埼玉県寄居町・少林寺の五百羅漢

「般若心経」で人生を幸福に生きる

てのひらの教え

まず本物の宗教を知ることが大切

最近の日本では、自分が「無宗教」であることを自慢にしている人が数多くいるようですが、これは悲しいことです。

なぜなら、人間は、宗教を持っているから人間なのであり、宗教を持っていない人間はアニマルといっても過言ではないからです。その証拠に、現代では宗教を持っていない日本人は、ついにエコノミック・アニマルとなり、老いも若きも、男も女も、「金、かね、カネ」と貨幣価値しか信じなくなっています。その姿は、まさに食べ物と遊ぶ物にしか興味を示さない野生動物と同じです。

日本人がそうなったのは、つまるところ、宗教を持っていないからです。

宗教は、人間をアニマルと一線を画す存在にした「火」のようなものです。火は、人間にとって必要不可欠なものですが、その使い方を誤るとやけどをしますし、周囲を巻き込んだ火災も起こします。これと同じように、宗教の誤った信仰を持つと、現実に宗教を理由とした殺人や戦争まで起こすほど、宗教は恐ろしいものです。

だからといって、安易に「宗教は恐ろしいから、宗教なんて持たない」と考えてはいけません。恐ろしいのは、あくまでも「宗教の誤った信仰」を持つことです。インチキ宗教や擬似宗教に騙《だま》されるのも、また現代社会を震撼《しんかん》させたオウム真理教事件も、宗教についての正しい信仰を持っていないから起こったことです。

わたしたちが宗教を正しく知り、それを正しく学びさえすれば、宗教は恐ろしいどころか、人生を楽しく生きるための方法を教えてくれます。

では、わたしたちが宗教の正しい知識を持つには、どうすればいいのでしょうか？

それには、まず自分の人生をもっと楽しむことです。そして、本物の宗教

きるのです。

現代社会を生きるわたしたちは、知らず知らずのうちに「非人間化」されています。家にいるときは「よき夫」「よき妻」「よき親」「よき子ども」など家族の中の自分の役割を、模範的に演じようとしています。また学校や職場においては「まじめな仲間」でいようと努力します。ですから、ときには羽目をはずしたくなりますが、実際に羽目をはずしたとしても、社会の常識が決めた限度以上のことはできません。それが世間でいう「社会規範」というもので、わたしたちはそれによって、いつでも「まじめ人間」でいなければならないと思い込み、本当の自分らしさを見失った「非人間化」された人間として生きているのです。

本物の宗教というものは、そうした非人間化を徹底的に批判して、

「あなたは、あなたの好きなように生きたらいい。世の中に遠慮しないでい

い。社会に、会社に、隣人に気兼ねしないで、〝自由〟に生きたらいい」と教えてくれます。

本物の宗教が教える「自由」とは、「自分に由《よ》る」ということです。

わたしたちはそのことを知らないと、自分に由らずに、世間に由ったり、社会に由ったりしています。そんな気兼ねはやめて、もっと「自由にのびのびと生きなさい」と教えてくれるのが、本物の宗教なのです。

仏教は、そうした本物の宗教の一つです。なぜなら、仏教の基本は、まさに「自分に由る」ことにあるからです。

そして、『般若心経』は、そのことを明確に説いたお経です。「空《くう》」という教えで世間や社会に由らない考え方を教え、ほとけさまの智慧《ちえ》（般若波羅蜜《はんにゃはらみっ》多《た》）を持てばもっと自由に生きられると、わたしたちに教えています。

神仏は自動販売機？　それともスロットマシン？

今日の日本人の多くは、どこかで宗教を尊敬しつつも、実際には遠ざけています。神仏を拝むのは、正月の初詣《はつもうで》や受験の際の合格祈願、あるいは身内が亡くなったときやその供養のときというのがほとんどです。

つまり、普段から神仏に「感謝の心」で手を合わせるという習慣が、現代では失われつつありますが、そうなっているのも日本人が神仏というものを誤解しているからです。

では、日本人が神仏というものを、どのように誤解しているのかというと、

――自動販売機――

のようなものと考えているところで、これは大きな誤解です。

本当の神仏というものは、たとえるなら自動販売機ではなく、

――スロットマシン――

のようなものです。

その違いがわかっていないので、今日の日本人は宗教に弱く、簡単にインチキ宗教や擬似宗教に引っかかってしまいます。そして、そうした似非《えせ》宗教に騙された後で「触らぬ神に祟《たた》りなし」と宗教を敬遠するようになり、宗教に対して必要以上に用心深くなって、「神仏に関《かか》わらないほうがいい」と誤った認識を持つようになるのです。

はじめから、神仏はスロットマシンのようなものと、しっかり認識していれば、わたしたちは似非宗教に騙されることなどないのです。

スロットマシン的気まぐれが、本当の神仏

では、神仏を「自動販売機」と考えるのと、「スロットマシン」と考えるの

では、どのように違うかを具体的に説明しましょう。

たとえば、飲み物の自動販売機ならば、百二十円を入れて、〝コーヒー百二十円〟というボタンを押せば、欲しかったコーヒーが自動的に出てきます。稀《まれ》に出てこなかったり、余計に出てきたりするときもありますが、それは入れる金額が足りなかったり、その自動販売機が故障をしている場合です。つまり、自動販売機とは、コインを入れると商品が必ず出てくるものです。

でも、スロットマシンは、コインを入れてレバーを引いても、必ずコインが出てくるものではありません。絵柄が合わさったときはコインが出てきますが、合わなければコインは出てこないのです。基本的には絵柄が合わさるほうが難しいのでコインは戻りませんが、それでもときには、二枚出たり、八枚出たり、うまくいけば大当たりをして山のようにコインが出てきます。

つまり、スロットマシンは自動販売機とは違い、

——気まぐれ——

なのです。それがスロットマシンの特色であり、その「気まぐれ」なところが神仏と同じです。

自動販売機型の神仏は、人間の奴隷

ところが、日本人は神仏を「気まぐれ」と考えずに、自動販売機のように思っています。もう少し具体的にいうと、神仏にお賽銭《さいせん》を入れて願いごとをすると、神仏のほうから

——ご利益——

が出てくると認識しているのです。つまり、日本人は宗教を信仰しているのではなく、自分のご利益だけを望む、「ご利益信仰」なのです。

でも、よく考えてみてください。もしも神様が「ご利益」を売る自動販売

機的存在であるならば、そんな神仏は、神様でも仏様でもなく、ただのではないでしょうか。

――人間の奴隷――

人間がお賽銭や祈禱《きとう》をすれば、必ずご利益が出てくる。たとえ神仏が「こんな奴には、ご利益はあげたくない」と思っても、自動販売機ですから、ご利益を与えなければならないのです。また逆に、「あんたには、ちょっとご利益をあげたいな」と思っても、その人間がお賽銭や祈禱しなければ、ご利益はやれない。なぜなら、自動販売機はお金を入れなければ、「ご利益」という商品を出せないからです。

このように、自動販売機型の神仏には「自由」がありません。人間がお金を入れて、欲しいものごとを願わなければ、神仏はそのご利益を出すことができないという宿命を背負わされ、本来の自由が奪われているのです。

だから、自動販売機型の神仏は、人間の奴隷というわけです。

わたしたち日本人の「ご利益信仰」とは、このように人間の奴隷である神仏を拝んでいることですが、そんな神仏からいただくご利益が、本当のご利益なのでしょうか。

本物の神仏は、デタラメ

たとえば、自動販売機型の神仏に一流大学合格の祈願をしたとします。すると、自動販売機型の神仏は、その学生を合格させるよりほかありませんから、その学生は必ず合格します。でも、その学生が実力もないのに一流大学に入ったならば、大学の授業についていけず、結果的には中退することになるはずです。そうなると、その合格は本当のご利益ではありません。

それよりも、一年ぐらい浪人してしっかりと勉強をさせてやり、大学へ合格した後も、授業に充分についていける学力をつけさせるほうが親切です。

そして、このように考えられるようになるのが、本当の意味での神仏のご利益です。

ですから、わたしたちが神仏を自動販売機のように考えるのは間違いです。常に、スロットマシンのように考えなければなりません。

確かにスロットマシン型の神仏は気まぐれです。でも、その気まぐれがいいのです。神仏がご利益をあげたいと思えばあげるし、あげたくないと思えば、いくらコインを投入してもまったくあげない気まぐれさ…。

しかも、ギャンブルのスロットマシンとは違い、コインを入れなくても勝手に動き出すような気まぐれさも持っているのが、本当の神仏です。

つまり、本物の神仏は、ご利益をあげたいと思う人がいれば、その人のところまで出掛けていってご利益を授ける、そんな自由があります。

『般若心経』に登場する観自在菩薩《かんじざいぼさつ》は、世の中の人々を常にみつめ、自由自在に救う働きを持った存在です。この観自在菩薩をみればわかるように、本当の神仏は、人間の奴隷ではありません。

神仏は人間の奴隷でないからこそ、わたしたち人間のことを考えてくれているのです。

たとえば、お金を持たせてもろくな事に使わない人には、神仏はお金を持たせません。そのお金を浮気のために使い、あるいはお酒やギャンブルばかりに使い、家庭を崩壊させるような人にはお金は持たせないのです。そして、そんな人が年を取り、そういったものに執着がなくなって家庭で楽しく生活していると、お金をくれたりするのです。

また、これとは逆の場合もあります。つまり、お金を持たせてもろくでもない事に使わない人に、神仏はわざわざ大金を持たせます。そして、その人が大金を手にして、いい気になって失敗するのを黙ってみている。人間からすれば、そんな意地の悪いことをするときもあります。

本物の神仏はこうした

――デタラメ――

なところがあるからスロットマシンなのです。

でも、神仏は、本当にデタラメなのでしょうか？

「願いがかなう」「願いがかなわない」ということで考えると、神仏は確かにデタラメです。

ところが、ご利益ということで考えると、じつは、どちらもご利益をいただいているのです。それはどんなご利益かというと、わたしたちに「本当の幸福とは何か？」を考えさせる機会を与え、見失いがちになる「本当の幸福」を思い出させてくれることです。

つまり、本物の神仏は、目先の欲望をかなえるのではなく、わたしたちが人生を楽しく、本当に幸福に生きられるように考えてくれている存在です。

神仏は願うのではなく、感謝するもの

神仏を前にすると、ほとんどの日本人は何か願いごとをします。

でも、なぜ願いごとをするのでしょうか。それは、現実に不満を持っているからです。現実に満足していれば、何も願うことはありません。

けれども、その願いがかなったとして、わたしたちは本当に幸福になれるでしょうか。

たとえば、お金がないからといって、大金が入ったら幸せですか。慣れない大金を簡単に手にすると、安易にものを考えるようになり、欲望だけがどんどん増えて、それが結局悩みを生んで、幸せになれないものです。現実社会でお金持ちになっている人たちは、自分の健康を犠牲にして、命をすり減らしながら誰よりも働いているから、それだけのお金を手にしているのです。

つまり、本当にお金が欲しいなら、願いごとなどせずに、それだけのこと

をすればいいのです。

じつは、本物の宗教は「神仏に願いごとをするな!」と教えています。

日本では、あたかも神仏に願いごとをするのが常識のように思われていますが、それは逆です。神仏には願いごとをしないほうがいいのです。それよりも、いまある状態をしっかりと肯定して、

――ありがとうございます――

と感謝するだけでいいのです。

なぜなら、神仏は願いごとをしたときだけ、わたしたちのことを考えてくれるわけではないからです。神仏はいつ、どんなときでも、わたしたちのことを考えてくれています。だから、わたしたちは感謝するだけでいいのです。

仏教は「本当の幸福」を教えてくれる

本物の神仏は、わたしたちが本当に幸福に生きられるように考えてくれる存在です。そして、実際にわたしたちが本当に幸福になれるように教えてくれるのが、本物の宗教です。

そういった意味では、キリスト教やイスラム教なども本物の宗教ですが、わたしたち日本人に最も身近なのは「仏教」です。

仏教は、わたしたちに「本当の幸福」を教えてくれます。換言すれば、真実の意味で「わたしたちが幸福になるにはどうすればよいか」を教えてくれるのが、仏教です。

たとえば、わたしたちが病気だとします。あるいは、貧乏だとします。そんな状態のときに、わたしたちはどうすれば幸福になれるでしょうか。

一般的には、健康になる、あるいはお金持ちになることが幸福とされています。そのためにお賽銭をあげて、祈禱をし、挙句の果てには教祖さまへ貢物をする。または「おまえは、霊に祟られているから病気なんだ」と脅かされて、その霊を鎮めるために霊能者へお金を払って祈禱してもらう。

でも、これはインチキ宗教の常套《じょうとう》手段ですから、いくらそんなことをしても、わたしたちは本当の幸福をつかむことはできません。

たとえインチキ宗教のそうしたやり方で病気が治ったり、お金持ちになったとしても、本当の幸福を得ることはできないのです。

なぜなら、病気が治っても、人間はまた病気になるからです。どれだけ用心しても、人間は日々老化していきます。そして、老化にともなって病気をしやすくなるのは自然の摂理です。

また、お金持ちになったらなったで、さまざまな悩みが増えます。人間の欲望に限界はありませんから、お金持ちになればなるほど、ますます「お金が欲しい」と思うようになります。それは人間の欲望の本質が、充《み》たせば充たすほど膨らむものだからです。
つまり、わたしたちはいくら健康になっても、あるいはお金持ちになっても、それは一時的な幸福であって、結局満足することがないのです。ですから、目先の幸福を売り物にするインチキ宗教の教えを学んでも、本当の幸福は得られません。

では、仏教はどうすれば「本当の幸福」を得られると教えているのでしょうか？

簡単にいうと、「ありのまま」を知り、感謝する心を持つことです。

つまり、「病気の人は病気のままで」「貧乏人は貧乏のままで」というそのままの状態で、感謝する心を持てば幸福になれるというのが、仏教の教えです。

その重要なキーワードになるのが、『般若心経』の「空」であり、「こだわらない」という考え方です。

お釈迦さまが歩まれた「中道」

『般若心経』の「空」の教え、すなわち「こだわらない」という考え方は、仏教の開祖である、お釈迦《しゃか》さまの「中道」の精神から生まれたものです。

お釈迦さまは釈迦国の王家に生まれた人物ですが、二十九歳のときに人間の根源的な苦しみ（生まれる苦しみ、老いる苦しみ、病気になる苦しみ、死ぬ苦しみ）を克服するために「出家」をしました。「出家」というのは、文字通り家を出ることで、お釈迦さまは王家の太子の地位と身分、そして妻子を捨てて城を出ていったのです。

出家して修行者となったお釈迦さまは、まず断食を主にした苦行を行います。苦行は、当時のインドの伝統的な修行法でした。

お釈迦さまはしばらくの間、厳しい苦行を続けましたが、やがて苦行では人間の根源的な苦しみは解決できないことを発見します。

なぜ、発見できたのかは少し考えれば、わたしたちにも察しがつきます。

苦行は、伝統的な修行法です。もし苦行によって、人間の根源的な苦しみが解決されるならば、お釈迦さまが苦行をする以前に、すでに根源的な苦しみを解決していた人がいるはずです。でも、そんな人はお釈迦さまが苦行を行う前には存在しなかったから、お釈迦さまはみずから苦行をしたわけです。でも、いくら苦行を続けても根源的な苦しみが少しも解決できないことに気づき、苦行があまり役に立たないとわかったのです。

そこで、お釈迦さまはきっぱりと苦行をやめて、これまでの修行者が考えたことのない、独自の修行の道を歩むことを決意します。

このお釈迦さまが歩まれた修行の道が

——中道——

です。中道とは、楽行や苦行といった両極端をさける修行方法のことです。

お釈迦さまは、出家以前は釈迦国の太子として快楽に溺《おぼ》れた生活をしていました。でも、その生活の中から得たものは「自らが快楽の中にあっては、人間の根源的な苦しみは解消できない」ということでした。これがいわゆる楽行です。また、お釈迦さまは、出家して苦行を修することで、「自らを苦しめるような極端な修行をしても、真の悟り（人間の根源的な苦しみを克服すること）が得られない」ことに気づきました。

この二つの極端を自ら体験したお釈迦さまは、楽行でも苦行でもない、

——心を常に平安にする——

「中道」を歩んでいくことに決めたのです。

しかし、この「中道」という考え方は、お釈迦さまが独自に生み出した修行なので、はじめは誰にも理解することができませんでした。当時、一緒に苦行をしていた五人の仲間ですら、お釈迦さまが「中道」を歩むことを決めると、「それは堕落の道だ」と批難を浴びせ、お釈迦さまの許《もと》から去っていったのです。

なぜなら、当時の修行者たちは「修行は苦行が常識」と考えていたからです。だから、苦行を避けろと教える「中道」は、彼らにとって理解困難な修行だったのでしょう。

「中道」は、仏陀になるための道

「中道」を歩みはじめたお釈迦さまは、三十五歳のとき、ブッダガヤーの一本の菩提樹《ぼだいじゅ》の下で瞑想《めいそう》を行っているとき、大きな宇宙の真理に目覚めることができました。そして、お釈迦さまはすべての真理を悟ったときに、

――仏陀（ブッダ）――

となったのです。〝ブッダ〟とは、サンスクリット語で「(真理に）目覚めた人」という意味です。それを漢字では音写して、〝仏陀〟、また省略して〝仏〟

と表しています。

つまり、「中道」を歩んだお釈迦さまは、みごとに真理を悟って「仏」となり、その教えを人々に説くことによって、「仏教」は生まれました。

このように仏教の本質は「中道」にあります。もしも、お釈迦さまが「中道」を歩まなかったら、すべての真理を悟ることもなかったでしょう。「中道」は仏教にとって、それほど大切なものなのです。

そして、『般若心経』の「空」の教えも、あとで詳しく解説しますが、この「中道」なくして語ることのできない教えです。

仏教は、「悟りを開いて仏になった人の教え」という意味から〝仏教〟と呼ばれています。でも、仏教と呼ばれる意味はもう一つあります。

それは、「お釈迦さまの教えを学んで、わたしたち自身が仏（悟りを開いた人）になるための教え」という意味です。これは本物の宗教の中でも、仏教だけが持っている最大の特徴です。

たとえば、キリスト教はイエス・キリストの教えだから〝キリスト教〟と呼ばれますが、わたしたち人間はどんなことをしてもキリストになることはできません。でも、仏教は、わたしたち自身が「仏陀」になれると説き、そのための方法を教えているのです。

要するに、お釈迦さまが説いた仏教は、

――仏（お釈迦さま）の教え――

――（わたしたちが）仏陀になるための教え――

の二重構造で説かれているのです。

『般若心経』が「小乗仏教」を批判する理由

悟りを開いたお釈迦さまは、それから多くの人々に教えを説きひろめ、八十歳でクシナーラの地に入滅されるまでの間、仏教の布教を続けられました。
そして、お釈迦さまが生前に説きひろめた仏教のことを

――小乗仏教――

といいます。この〝小乗〟ということばは「小さな乗り物」という意味です。また〝乗り物〟とは、わたしたちが迷いの此岸《しがん》（わたしたちの生きている世界）から悟りの彼岸《ひがん》（仏の世界）へ渡るために必要な仏教の教えを、乗り物にたとえたのです。

しかし、どうして仏教の教えが小さな乗り物なのでしょうか。

それは、小乗仏教の人々は「出家した人間しか救われない」と考えているからです。つまり、ごく少数のエリート（出家修行者）だけが悟りを得られると考えているから、小乗仏教と呼ばれているのです。

でも、「中道」を歩んだお釈迦さまが、どうしてそんな極端な仏教を説いたのでしょうか。

お釈迦さまの本心は、出家修行者だけでなく、わたしたちのような世間で生きる在家の人々も救おうとしていたことは間違いありません。けれども、実際には、出家修行者を中心に仏教の教えを説かれていました。

お釈迦さまが、なぜ、そんな偏った教えの説き方をしたのかは、山登りにたとえるとよくわかります。

たとえば、何の知識も経験もない人が、山の頂上を目指して、いきなり高山を登っても、必ず途中で挫折《ざせつ》します。これと同じように、仏教の教えを充分に理解していない人たちが、いきなり悟りを得ようとしても、それは不可能であると、お釈迦さまにはわかっていたのです。

そこで、お釈迦さまは、最初に出家修行者に教えを説き、彼らを仏教の専門家として育成し、先に山へ登らせようと考えたわけです。

まず出家修行者たちが、次々と山へ登って、悟りという頂上に立てば、さまざまな登山道ができます。緩やかな長い道を登る人もいれば、知らないうちに遠回りする人もいる。また、険しい道を切り開いて登る人もあれば、岩場をロッククライミングで登る人もいる。中には誰よりも楽に登れる道をみつける人も出てくるはずです。

そのようにして、頂上までの道を踏み固めていけば、やがて経験がない大勢の人々も登れるような道ができます。そして、さらに車が通れるほどその道が広くなれば、老人や足の不自由な人だって登れるはずです。

きっと、お釈迦さまはそうなることを期待して、出家修行者たちを中心に教えを説いたのです。

ところが、出家修行者たちはお釈迦さまのそんな本心を理解せずに、「お釈迦さまの教えは、自分たち出家修行者だけの救済のために説かれたもの」と錯覚したのです。

だから、お釈迦さまの入滅後は、自分たちだけのことばで議論をするようになり、自分たちだけが戒律を守り、自分たちだけが修行をして悟りを開けばいいと考えるようになりました。

そんなエゴイズムの強い出家者集団の仏教が、小乗仏教なのです。

『般若心経』が、小乗仏教の教えをことごとく否定しているのは、実は小乗仏教のそうした閉鎖的なところを批判したからです。そして、『般若心経』は、わたしたちに出家することや小乗仏教の独善的な教えに「こだわるな」と教えています。

大乗仏教は、煩悩を持ったままで幸福になる教え

わたしたちの悩みや苦しみの原因は「煩悩」にあります。煩悩とは、わたしたちが持っているすべての欲望のことです。

小乗仏教の教えは、悟りを得るために

――煩悩をなくす――

ということを重要なポイントにしています。

ところが、わたしたち人間が煩悩をなくすのは、容易なことではありません。世間は煩悩だらけですから、普通の社会生活をしていては、まず煩悩をなくすことはできません。

つまり、出家して世間を離れなければ、人間の煩悩はなくすことはできないのです。

だから、小乗仏教の出家修行者は、お釈迦さまが太子の地位や城を捨て、妻子までも捨てたように、職業や家族を捨てて出家したのです。

このように小乗仏教の修行者たちは、出家して世間を離れることで、みずからの煩悩をなくす修行に励み、自分たちだけの悟りを追求しはじめたのです。

出家をしない在家の仏教信仰者は、それをしばらくの間黙ってみていました。しかし、お釈迦さまの入滅からほぼ五百年後の頃になると、そんな出家者たちの仏教の考え方に対して、次のように反発するものが出てきました。
「あなたがたの仏教の考え方は間違っている。お釈迦さまの教えは、すべての人々を〝幸福〟にするためのものであるはずだ。でも、あなたたち出家者は、自分たちだけが煩悩をなくし、悟りを開けばいいと思っている。そんな了見の狭い、あなたがたの仏教は〝小さな教え〟であり、〝劣った教え〟である。お釈迦さまの本当の教えは、そんな小さな教えではなかったはずだ」
そして、出家をしない在家の仏教信仰者でも、お釈迦さまの教えで悟りを得ることができるという、新しい仏教の考え方が生まれました。その新しい仏教が、

——**大乗仏教**——

と呼ばれる仏教です。この〝大乗〟ということばには、

——**大きな乗り物、多くの人を救える乗り物、勝れた乗り物**——

という三つの意味があります。

つまり、大乗仏教は、出家修行者だけでなく、在家の仏教信仰者をはじめとした万民を対象にした仏教です。ちなみに、「小乗仏教」というのは、出家至上主義の仏教を大乗仏教の立場からみた呼び名です。

では、大乗仏教と小乗仏教は、どこに違いがあるのでしょうか。

それは、「煩悩」の考え方にあります。小乗仏教は「煩悩をなくす」ことを基本にしています。しかし、大乗仏教の教えの基本は、

――煩悩をなくさず、煩悩を持ったままで幸福になる――

というものです。

でも、なぜ煩悩を持ったままで、幸福になれるのでしょうか。

大乗仏教は在家信者、つまり、わたしたちのような世間で生活する仏教信仰者を中心としています。

在家信者は、普通に世間で生活していますから、どうしても煩悩をなくすことはできません。また、仕事や学校や家事など、日常生活に忙しいので、

出家者のように特別な修行はできないのです。

大乗仏教とは、そんな在家信者のための仏教ですから、煩悩に関しては、小乗仏教とまったく違った考え方をする必要があります。

それが「煩悩を持ったままで幸福になれる」という、大乗仏教の教えです。

では、大乗仏教は、どんな方法で、煩悩を持ったままで幸福になれると教えているのでしょうか。

大乗仏教は、そのためにお釈迦さまが歩んだ、

――中道――

と、大乗仏教の根本思想の一つである、

――空（くう）――

を強調しています。

そして、『般若心経』は、この二つの教えを含めた大乗仏教の教えを集約したお経です。

「空」は、大乗仏教の根本思想

『般若心経』の中に頻繁に出てくる「空」とは、大乗仏教の根本思想です。「空」は、世間一般では「からっぽ」や「ない」という意味で使われますが、大乗仏教の「空」はそんな意味ではありません。

簡単にいえば、「こだわらない」ということです。あるいは「レッテルを貼らない」「必要以上の差別をしない」ということでもあります。

たとえば、大きな地震に遭い、全壊した家の中にあなたの母や妻、子どもたちが取り残されたとします。そんなとき、誰から救助すべきでしょうか。母でしょうか？　妻でしょうか？　子どもでしょうか？　あるいは、たまたま遊びにきていた子どもの友達でしょうか？　儒教の教えだと、まずは母から救い出すべきでしょう。またキリスト教の教えだと、妻からになるかもしれません。

でも、実際に人を救う場合は、誰から先に救うべきかという「こだわり」などは持っていられません。そんな「こだわり」を持つと、それを考えている時間が無駄になって、すぐに救えば助かった人を救えない状態にしてしまうことがあるからです。

大乗仏教の「空」という教えは、そんな「こだわりは捨てろ」という教えです。

こだわりを捨てれば、何の迷いもなく、すぐに「近くにいる人から救う」ことができます。そして、母や妻といったレッテルを剥《は》がし、近くにいる人から救うというのが、仏教の考え方なのです。

確かに親族や親友の場合ならば、実際にこうした考えを持つことは可能だと思います。

でも、わが子と他人の子が、まったく同じ場所で助けを求めているとしたら、どうでしょうか。〝他人〟というレッテルを剥がし、近くにいる子から救うことができるでしょうか。

親ならば、やはり自分の子を優先させたくなるのが人情というものです。けれども、それが当たり前だと思ってはいけません。〝他人〟というレッテルを貼ったことには変わりないのです。

どんなレッテルでも、いつもレッテルを貼ってものを考えていると、わたしたちはそれに迷い、とっさのときに迅速な行動がとれなくなります。

ですから、普段からレッテルを貼らないものの見方や考え方を、心掛けなければなりません。そういった意味では、わたしたちは出家的な修行をしていないので、別な形での在家的な修行をする必要があります。

また、わたしたちは、知らず知らずのうちに必要以上の差別をして、その差別にこだわって悩みます。

たとえば、子どもを成績の「良い子、悪い子」と差別します。学校のなかった時代の子どもたちには、成績がありませんから、そんな差別はありませんでした。でも、成績というものがつけられるようになると、必ず「良い、悪い」という差別が生じます。そんな差別の目で「良い子、悪い子」と決められてしまうのですから、子どもは不幸としかいえません。

また親も、わが子の成績に一喜一憂していると、心が平静でいられませんから、子どもと同じように不幸なのです。

つまり、成績の良い悪いという「差別」が、親と子の不幸の原因になっているのです。

だから、大乗仏教は、すべての存在が「空」であることを知るべきだと、わたしたちに教えています。「こだわらない」「レッテルを貼らない」「必要以上の差別をしない」という心を常に持ちなさいと、わたしたちに教えているのです。

ほとけさまの拝み方

あなたは、どんなときに『般若心経』を唱えるのでしょうか。

仏壇へ向かって唱える人もいれば、知人の葬儀のときに唱える人もいる。

また、仏像や野仏に向かって唱える人もいれば、写経をしながら唱える人もいるでしょう。あるいは、自分を元気にさせるための呪文のように唱える人や、何かいるようで気持ちが悪いので除霊の意味で唱える、なんて人もいるはずです。ちょっと変わったところでは、仏教系の学校に行っていて校歌として唱えている人もいます。

『般若心経』は、こうしたさまざまな場面で唱えられているように、仏教の数あるお経の中でも、わたしたちに最も身近なお経です。

でも、『般若心経』は、どんなときでも、どんな場面でも、このように唱えていいのでしょうか。

前にも述べたように、『般若心経』は「空」の考え方が説かれたお経ですから、唱える場所や時間に「こだわり」を持つ必要はありません。

また、大乗仏教が実践する修行に、

――礼拝行――

というものがあります。この礼拝行とは、大乗仏教の精神に裏付けられた修行方法の一つで「あらゆる存在を仏として拝む」というものです。

礼拝行は、『般若心経』と並ぶ代表的な大乗経典の『法華経』の中で、常不《じょうふ》軽菩薩《ぎょうぼさつ》の修行の姿を通してわかりやすく説かれています。

この〝常不軽菩薩〟とは、「誰をも軽んじない菩薩」で、実はお釈迦さまの過去世における姿とされています。

つまり、お釈迦さまが悟りを開いて仏陀になる前の世のことで、お釈迦さまが常不軽菩薩の姿になって修行をしていたときの話です。

常不軽菩薩は、日常生活の中で出会った、すべての人に対して、

「あなたは将来、仏になる人です」

といって拝み、丁寧に礼拝していました。

でも、突然、そんなことをいって拝むわけですから、そういわれた人の中には「変なことをいうやつだ」と腹を立て、彼に石を投げたり、杖《つえ》で打とうとする人もいました。

そんな人に出会うと、常不軽菩薩はそこからちょっとだけ逃げますが、遠くからその人をこれまでと同じように拝み、礼拝したそうです。

これが大乗仏教の教える礼拝行であり、本当のほとけさまの拝み方です。仏教で「拝む」というと、わたしたちは、ただ仏像や仏壇だけを拝めばいいと勘違いしています。確かに仏像や仏壇は、感謝の気持ちで拝むものです。でも、仏教が教えている本当のほとけさまの拝み方は、この常不軽菩薩のように、すべての人、あらゆる生き物を仏として拝むことなのです。

大乗仏教の根本思想には、

――一切《いっさい》衆生《しゅじょう》悉有《しつう》仏性《ぶっしょう》――

という教えがあります。これは、「すべての生きとし生ける物には、仏性（仏陀になれる性質）を持っている」という意味です。つまり、わたしたちが潜在的に「ほとけさま」になれる性質を持っているように、すべての生き物にも同じ性質があるという教えです。

だから、わたしたちは、すべての生き物を仏として拝み、大切にしなければなりません。そして、それができれば、心はいつも幸福でいられるのです。

幸福になる拝み方の実践

でも、すべての存在を仏として拝むのは、現実には難しいことです。特に現代社会においては、さまざまな問題が生じてきます。

たとえば、わたしたちは、ゴキブリという生き物を仏として拝むことができるでしょうか。いくら仏教信者だからといって、ゴキブリを拝み、ゴキブリも仏だから駆除せずに飼育するというのはおかしいことです。やはり、駆除する必要があるときは、ゴキブリは殺すべきなのです。

でも、そのときに「おまえは害虫だから、死んでもいいんだ」と思って駆除してはいけません。害虫と思うこと自体が、レッテルを貼ったことになり、また差別になるからです。ですから、「ゴキブリさん、ごめんなさい」とあやまって、ゴキブリを拝みながら殺すのです。それが、わたしたちのできる、礼拝行というものです。

また、学校や職場では、成績というものをつけなければなりません。そのときは生徒や部下を仏と思って拝みながら、成績をつければいいのです。そうすれば、その礼拝が、わたしたちの心を差別から解放してくれます。

一番問題なのは、人間関係の問題です。世間では、対立や嫌悪はなかなか避けられません。でも、相手を差別して、憎めば憎むほど、こちらの心が荒《すさ》んでしまうものです。そんなときは、憎むなとはいいません。どうしても憎みたいならば、相手を仏として拝みながら憎む。そうすれば心が荒むまで憎めなくなり、こちらの気持ちは楽になります。

そんな拝み方をすれば、わたしたちの心は幸福になれるのです。

このように日常生活の中で実践できるのが大乗仏教の修行であり、わたしたちの心を変革できる教えなのです。

また、こうした大乗仏教における教えの実践が、煩悩をなくすことにこだわって修行する小乗仏教と根本的に違うところなのです。

『般若心経』の実践は、中道にあり

わたしたちが大乗仏教の教えや『般若心経』の教えを実践するときに、忘れてならないのが「中道」を歩むということです。前に説明しましたが、中道とは、お釈迦さまが悟りを開くために歩んだ道であり、また大乗仏教の根本精神です。

この中道を実践するには、自分の、

――いい加減――

を知らなければなりません。「いい加減」というと、中途半端で適当な態度のように思われるかもしれませんが、決してそんな意味ではありません。

たとえるなら、お風呂に気持ちよく入れる湯加減と同じです。いい加減の湯は、熱すぎず、かといって決してぬるま湯ではありません。熱めの湯が好きな人は多少熱めの湯がいい加減であり、ぬるめが好きな人は多少ぬるめの湯がいい加減というように、人それぞれが入浴して気持ちよいと感じられる、いい加減があるのです。

もう少し具体的にいうならば、自分の心が平静になる加減のことで、仏教の教えを実践するには最も大事なことです。

では、自分の心を平静にするには、実際にどうしたらいいのでしょうか。

お釈迦さまが入滅される直前に残された「自灯明《じとうみょう》・法灯明《ほうとうみょう》」ということばの中に、そのヒントがあります。

「わたしが亡くなったあと、あなたがたは自分自身を灯明とし、わたしの教えた法（真理）を灯明として、怠らずに精進しなさい」

これは、お釈迦さまの教えた真理を灯明にするだけでなく、自分自身も灯明にしなさいという、お釈迦さまの遺言です。

つまり、仏教は、教えを学びそれをただ実践すればいいというものではなく、学んだ教えを実践しながら、それぞれのいい加減をみつけなさいといっているのです。換言すれば、それぞれが自分のいい加減をみつけなければ、中道は歩めないのです
『般若心経』が説いているように、わたしたちは悟りを目指して歩まねばなりません。でも、小乗仏教の出家者のように、悟りそのものにこだわると、

中道はなかなか歩めません。

たとえば、頂上を目指して一目散に登山するのは、中道ではありません。そんな登り方で頂上に到着しても、本当の悟りは得られないのです。

登山の醍醐味《だいごみ》は、あたりの景色を楽しみながら登ることにあります。登るにしたがって、少しずつ景色が変わり、それを楽しみながら一歩一歩頂上へ近づいていく。つまり、頂上へ辿《たど》り着く道のりを楽しむのが、本当の登山です。ただ頂上へ到着することだけを目指すなら、歩くよりも、いっそヘリコプターで運んでもらえばいいのです。でも、こうなると、それはもう登山ではありません。

わたしたちが中道を歩むのも、これと同じで、悟りという頂上だけにこだわってはいけません。どうしてもこだわってしまうぐらいであれば、いっそ悟りそのものを忘れ去ったほうがいいでしょう。大切なのは、悟りにこだわらず、日常生活で常に仏教の教えを実践し、その一日一日を感謝しながら、自分らしく、しっかりと生きることです。

それが、わたしたちの歩むべき中道であり、『般若心経』の教えであり、大乗仏教が教える、わたしたちが幸福になれる生き方なのです。

幸福は、ほとけさまの物差しと感謝の心から生まれる

『般若心経』の教えがどんなものか、その教えをどのように実践すればいいかは、すでにおわかりいただけたと思います。

では、『般若心経』は、わたしたちに何をもたらすお経なのでしょうか。

その答えは、最後の「羯諦《ぎゃてい》　羯諦《ぎゃてい》　波羅羯諦《はらぎゃてい》　波羅僧羯諦《はらそうぎゃてい》　菩提薩婆訶《ぼうじそわか》」にあります。つまり、『般若心経』から「空」の教えを学び、苦しみや災厄を克服すると、心が明るく穏やかになり、その感激のあまり、

――わかった、わかった、ほとけのこころ。すっかりわかった、ほとけのこころ。ほとけさま、ありがとう――

という感謝のことばを、わたしたちにもたらすお経なのです。

わたしたちが、そんな感謝のことばを発するためには「ほとけのこころ」を知らなければなりません。また「ほとけのこころ」をわかるためには、「ほとけの智慧（般若波羅蜜多《はんにゃはらみった》）」を持たなければなりません。そして、それを持つためには「空」の考え方を理解しなければならないのです。

こんな説明をしていると、「ほとけのこころ」を知るのは難しいことだと思うかもしれませんが、実際には、そんな難しいことでありません。

わたしたちが、他人の眼や世間の常識で測る「世間の物差し」にこだわらなければいいのです。そして、〝こだわらない〟という目盛りしかない「ほとけさまの物差し」を持てばいいのです。このほとけさまの物差しが、わたしたちの「ほとけの智慧（般若波羅蜜多）」なのです。

つまり、ほとけさまの物差しを持てば、わたしたちの心は常に明るくなり、「ありがとう」と感謝のことばが自然に出てくるようになります。そんな感謝の心が持てたとき、わたしたちはすでに幸福になっているのです。

そのことを物語る、お釈迦さまの弟子のこんなエピソードがあります。

バドリカという名のお釈迦さまの弟子がいました。彼は、お釈迦さまと同じように釈迦国の王位に就いた人ですが、のちに出家して、お釈迦さまの弟子になりました。

あるとき、バドリカは坐禅《ざぜん》をしながら、

「ああ、楽しい。じつに楽しい」

と独り言をいっていました。すると、そばにいた仲間がそれを訝《いぶか》しく思い、そのことをお釈迦さまに報告しました。

お釈迦さまはバドリカを呼び寄せて、そのことを尋ねてみると、彼は笑顔を浮かべながらこう答えました。

「わたしが釈迦国の王であったころは、わたしの身辺には警護の兵士が常に控えていました。でも、わたしは安心できなかったのです。いくら兵士が護《まも》ってくれていても、いつも怯《おび》えてばかりいました。ところが、出家して、お釈迦さまの弟子になったわたしには、少しも不安がありません。本当にのびのびと、心が安らかに暮らせます。それでわたしは、〝ああ、楽しい。じつに楽しい〟といったのです」

つまり、バドリカは世間の物差しを捨て、ほとけさまの物差しを持ったときに、その心の違いに気づき、本当の幸福を感じたのです。

ほとけさまの物差しと感謝の心。この二つを持ったとき、わたしたちは心から人生を楽しく生きることができ、本当の幸福を感じられるのです。

本書のプロフィール

本作品は小学館文庫のために新しく書き下ろしされたものです。

シンボルマークは、中国古代・殷代の金石文字です。宝物の代わりであった貝を運ぶ職掌を表わしています。当文庫はこれを、右手に「知識」左手に「勇気」を運ぶ者として図案化しました。

「小学館文庫」の文字づかいについて

- 文字表記については、できる限り原文を尊重しました。
- 口語文については、現代仮名づかいに改めました。
- 文語文については、旧仮名づかいを用いました。
- 常用漢字表外の漢字・音訓も用い、難解な漢字には振り仮名を付けました。
- 極端な当て字、代名詞、副詞、接続詞などのうち、原文を損なうおそれが少ないものは、仮名に改めました。

てのひら般若心経《はんにゃしんぎょう》

監修　ひろさちや　写真　佐藤健三《さとうけんぞう》

二〇〇一年六月一日　初版第一刷発行

発行者――山本　章
発行所――株式会社　小学館
〒一〇一-八〇〇一
東京都千代田区一ツ橋二-三-一
電話　編集〇三-三二三〇-五六一七
　　　制作〇三-三二三〇-五三三三
　　　販売〇三-三二三〇-五七三九
振替　〇〇一八〇-一-二〇〇

印刷所――文唱堂印刷株式会社
デザイン――奥村靫正

ISBN4-09-416013-2

小学館文庫